NÉCROLOGIE

L'ABBÉ THOMAS DOREY

CHANOINE HONORAIRE D'AUTUN,

ANCIEN AUMÔNIER DE L'HÔPITAL DE CHALON-SUR-SAÔNE

PAR

L'ABBÉ C.-F. BUGNIOT

Missionnaire apostolique,
Chanoine honoraire d'Autun et de la Rochelle,
Aumônier militaire.

CHALON-SUR-SAONE

IMPRIMERIE ET LITHOGRAPHIE L. MARCEAU
5, rue des Tonneliers, 5

1887

NÉCROLOGIE

L'ABBÉ THOMAS DOREY

CHANOINE HONORAIRE D'AUTUN,

ANCIEN AUMÔNIER DE L'HÔPITAL DE CHALON-SUR-SAÔNE

PAR

L'ABBÉ C.-F. BUGNIOT

Missionnaire apostolique,
Chanoine honoraire d'Autun et de la Rochelle,
Aumônier militaire.

CHALON-SUR-SAONE

IMPRIMERIE ET LITHOGRAPHIE L. MARCEAU
5, rue des Tonneliers, 5

1887

NÉCROLOGIE

L'ABBÉ THOMAS DOREY

CHANOINE HONORAIRE D'AUTUN,

AUMÔNIER DE L'HÔPITAL DE CHALON-SUR-SAÔNE
PENDANT QUARANTE ANS.

Lundi matin, 13 octobre, vers onze heures, se déroulait dans la Grand'Rue de Saint-Laurent, à Chalon-sur-Saône, comme une immense procession, composée principalement de toutes les Religieuses de l'Hôpital, de prêtres nombreux, de quelques médecins et de gens du peuple. Un porte-croix marchait en tête et précédait le cortège; car c'était bien un cortège, accompagnant jusqu'aux portes de la ville, du côté de Saint-Marcel, un char funèbre, sur lequel reposait un cercueil, orné des insignes de chanoine de la cathédrale d'Autun. C'était le convoi de M. Thomas DOREY, chanoine honoraire d'Autun et ancien aumônier de l'Hôpital de Chalon-sur-Saône.

Les Sœurs hospitalières, connaissant les liens d'étroite et vive amitié, qui m'unissaient au défunt, m'ont demandé de consacrer à sa douce et sainte mémoire une petite Notice biographique, qu'elles publieraient à leurs frais. J'ai volontiers accédé à leur désir. C'est pour moi un moyen de payer à M. l'abbé Dorey le tribut de ma reconnaissance si sincère et de mon attachement si profond. Ce sera un mot du cœur.

La famille de M. l'abbé Dorey est originaire de cette charmante petite ville de Pierre, toute parsemée d'arbres, qui donnent à ses maisons aux murs de briques rouges un air de *cottages anglais*. Elle n'était pas la première venue; elle se distinguait par une parfaite honorabilité et par la pratique du christianisme.

Le père de M. l'abbé Dorey fut d'abord régisseur des biens de la famille de Thiard, puis percepteur à Beaurepaire. Il gardait en son cœur l'amour du pays d'origine; aussi voulut-il y finir ses jours.

C'est à Pierre que naquit Thomas Dorey, le 24me jour de février de l'année 1808. Sa première éducation fut très chrétienne; ce sera le fondement, la base de son attachement à l'Église, de son culte pour la Vierge Marie et de son ardent amour pour le bon Dieu. Il étudia successivement à Mervans, chez M. Bonin; puis au collège de Louhans, en qualité d'externe; enfin au petit séminaire d'Autun. C'était, dans ses études, un élève fort ordinaire; et pourtant, selon le vulgaire dicton, *il y avait chez lui de l'étoffe;* il le montra plus tard.

Ses études classiques terminées, Thomas entra au grand séminaire d'Autun. Là, il ne se distingua pas tant par ses succès en théologie que par sa piété, sa simplicité unie à une certaine finesse, qui se manifestait par des traits pleins d'esprit et de bonne malice, décochés à ses condisciples, traits inoffensifs, qui amusaient, mais qui ne déchiraient jamais et ne faisaient pas la moindre blessure. Tout récemment, un de ses contemporains, M. le vicaire général Genty, citait quelques traits de ce genre, retrouvés parmi ses anciens souvenirs (1).

---

(1) Un de ses successeurs à Rully, le si cher et si vénéré abbé Tixier, curé de Chaudenay-sur-Dheune, me racontait dernièrement qu'un protestant était

Ordonné prêtre, le samedi avant la Trinité, 1er juin 1833, M. l'abbé Dorey fut désigné, un mois et demi après, le 18 juillet, même année, pour exercer les fonctions de vicaire dans la si gracieuse et si chrétienne paroisse de Rully. Il fit ses débuts dans le saint ministère, sous la direction de M. Lavaur, un de ces demeurants de la première Révolution, prêtres vaillants qui avaient supporté avec énergie la tourmente révolutionnaire de 1793, année fatale, la honte de nos annales et la gloire de nos confesseurs de la Foi. Nos confesseurs de la Foi! ah! je veux les saluer du cœur et m'incliner devant eux avec admiration, mieux que cela, avec vénération. Oui, ces vieillards du sanctuaire, que j'ai vus, au temps de mon adolescence, entourer le trône épiscopal et en rehausser l'éclat, les *Burgat*, les *Giraudet*, les *Lhomme*, les *Maury*, les *Bauzon*, étaient presque majestueux avec leur grand air et leur couronne de cheveux blancs. M. Lavaur était de cette race; c'est à son école que se forma le jeune vicaire; c'est là qu'il apprit à se plier à cette *régularité*, qui doit faire le fond de la vie du Prêtre.

Le vicariat de M. l'abbé Dorey dura cinq années, temps suffisant pour lui faire connaître les habitants de Rully. Quand il les connut, il les aima. Oui, il aimait Rully; il en conserva toujours le doux souvenir dans un coin privilégié de son cœur. Dans les épanchements intimes de son âme, il me dit plus d'une fois : « Savez-vous ce que je désire pour vous, ce que mon amitié vous souhaite? — La cure de Rully. » Être curé de Rully était pour lui l'idéal! Il revoyait en imagination le Rully des premières années de son sacerdoce, Rully avec ses habitudes chrétiennes, Rully avec son antique foi.

---

venu s'établir à Rully au temps du vicariat de M. l'abbé Dorey. Ce protestant cherchait à faire des prosélytes. M. le vicaire fit une complainte sur le protestant, en parodiant celle du Juif-Errant. Elle était très spirituelle et très courtoise; elle était sur toutes les lèvres; le protestant fut obligé de quitter le pays, sous les quolibets des habitants de Rully.

Si M. l'abbé Dorey se souvenait avec bonheur de Rully, il faut dire que les habitants ne l'avaient point oublié. Ils avaient su apprécier ses talents et surtout ses vertus. « Nous avons un vicaire *Doré*, aimaient-ils à répéter. » Son souvenir s'est perpétué longtemps dans la paroisse, et je suis convaincu qu'on l'y retrouverait encore.

En 1838, Mgr d'Héricourt cherchait un aumônier pour l'Hôpital de Chalon, non pas un aumônier tel quel, mais un aumônier ayant des qualités spéciales. Avec ce coup d'œil magistral, qui lui faisait discerner les hommes et les appeler là où ils étaient aptes à réaliser le plus de bien, Sa Grandeur arrêta son choix sur le jeune vicaire de Rully et le nomma, le 5 septembre de cette même année, aumônier de l'Hôpital de Chalon.

Mgr l'Évêque avait vu juste, comme toujours. M. l'abbé Dorey était bien l'aumônier qu'il fallait, réunissant toutes les conditions requises pour mener son œuvre à bonne fin. La preuve, c'est qu'il exerça pendant quarante ans ce ministère à la très grande satisfaction des malades, des Religieuses et de l'Administration.

« On ne saurait trop faire l'éloge du zèle de M. l'abbé Dorey, nous écrit l'un de ses successeurs, comme aussi on ne saurait trop vanter sa prudence, sa piété dans l'exercice des fonctions d'aumônier. Les malades lui étaient chers; il les visitait assidûment, et ne négligeait rien pour les amener à recevoir, avant de mourir, les secours et les consolations de la religion. Il était rare qu'il n'arrivât pas à les gagner par sa prodigieuse douceur et sa merveilleuse bonté. » M. Lebrun n'est ici que l'écho des Religieuses, qui ont été témoins du ministère de M. Dorey près des malades.

« Quant aux Sœurs, continue M. Lebrun, c'était de la vénération qu'elles avaient pour leur directeur, à qui elles donnaient le délicieux nom de *Père*, titre si vrai en cette circonstance. Lui aussi leur était attaché du fond du cœur, et cette affection n'avait qu'un but : porter à Dieu ces âmes privilégiées ; développer en elles la charité, le dévouement, l'abnégation, la bonté ; maintenir entre elles les rapports affectueux ; en un mot, faire fleurir l'esprit religieux dans la communauté. » L'esprit religieux ! c'est-à-dire l'âme, la vie de toute communauté. Eh bien ! pendant les quarante années de la direction de M. l'abbé Dorey, l'esprit religieux ne baissa pas un seul instant parmi les Hospitalières de Chalon ; elles furent, comme elles sont encore, comme elles seront toujours si elles restent fidèles à cet esprit religieux, des hospitalières modèles et de parfaites servantes des pauvres malades.

Il y a deux ans, quand vint la cinquantaine de prêtrise de M. l'abbé Dorey, les bonnes Sœurs lui ménagèrent une surprise, qui témoignait de leur sincère attachement à leur aumônier. Elles firent graver une médaille d'argent, qui rappelait à la fois son sacerdoce et ses longues fonctions d'aumônier. On la lui offrit en grande cérémonie ; on lui lut un compliment simple, mais affectueux, écho de la pensée et du cœur des Religieuses. L'émotion gagna vite et le bon vieillard, qui put à peine remercier, et les chères Sœurs, qui avaient provoqué cette charmante scène. C'est, les larmes aux yeux, qu'il la racontait à un ami au moment où elle venait d'avoir lieu.

Messieurs les Administrateurs de l'Hôpital n'eurent que d'excellents rapports avec M. l'aumônier. Ils cherchèrent constamment à lui être agréables. J'en donne immédiatement la preuve.

La santé de M. l'abbé Dorey avait toujours été délicate ; avec l'âge ses forces diminuèrent sensiblement. Il s'inquiétait, il craignait de ne pouvoir continuer longtemps ses fonctions d'aumônier. Messieurs les Administrateurs lui vinrent en aide en lui donnant, aux frais de l'Hôpital, un auxiliaire, dont la mission était restreinte à partager avec M. Dorey la visite des malades, l'administration des sacrements et les enterrements. Chacun avait sa semaine.

Mais M. Dorey restait seul véritable et unique aumônier, chargé de la direction des Sœurs, des instructions particulières qu'on leur donne et de la prédication à la chapelle. C'était un allègement à des fonctions trop pénibles pour lui. Mais cela ne tarda pas à ne plus suffire.

Un jour, en 1877, M. l'abbé Dorey, s'examinant devant Dieu et méditant sur ses responsabilités, crut entendre sa conscience lui dire qu'il n'était plus à la hauteur de ses fonctions, que sa mauvaise santé trahissait son bon vouloir, en un mot, qu'il fallait se démettre de son aumônerie. C'était pour lui un chagrin réel, le chagrin d'un père quittant sa maison et s'en allant vivre au milieu des étrangers. Quitter sa maison ; quitter ses religieuses ; quitter ses malades ! C'en était trop ; il n'y pouvait penser sans que son cœur se brisât. Comme, malgré lui, il me laissait apercevoir ses angoisses, je me permis de lui dire : « Si vous adressiez une requête à l'Administration, elle vous conserverait certainement à l'Hôpital ; vous y auriez un petit logement, vous y seriez soigné, tranquille, et vous y attendriez la mort au milieu de ce qui est actuellement votre famille. » — « Votre affection pour moi vous suggère un beau rêve pour mon avenir ; mais ce ne sera qu'un rêve ; car jamais je ne m'exposerai à un refus, en adressant une demande. » — « M'autorisez-vous à faire cette demande ? — Ah ! bien volontiers, bien volontiers ; mais vous ne réussirez pas. » — Et moi j'étais bien sûr de la réussite ; je connaissais l'estime et le respect de Messieurs les Administrateurs pour leur aumônier ; je les savais tout disposés à un sacrifice en sa faveur. Je n'eus qu'à formuler mon désir. La Commission se réunit ; à l'unanimité on vota à M. l'abbé Dorey un logement dans le pavillon de l'Hôpital, la nourriture, l'éclairage, chauffage, etc., et cela, sans aucune rémunération. Il avait une domestique pour le soigner ; il voulut donner annuellement deux cents francs pour la nourriture de cette femme ; on accepta pour ne pas le désobliger. Il était chez lui, dans son hôpital, ayant sa chapelle, pouvant visiter ses bien-aimés malades et ses chères Sœurs. Depuis 1877 les diverses administrations qui se sont succédé ont témoigné à M. l'abbé Dorey la même bienveillance. Qu'elles me permettent de leur offrir ici tous les remerciements et la reconnaissance des nombreux amis de M. l'abbé Dorey.

L'autorité diocésaine avait reconnu depuis longtemps les grandes qualités de M. l'aumônier de l'Hôpital de Chalon. En 1854, le 24 janvier, Mgr de Marguerye le nommait chanoine honoraire de la cathédrale d'Autun. Le diocèse applaudit à cet honneur conféré à un prêtre que tous aimaient.

Une fois déchargé du poids de ses fonctions d'aumônier, M. l'abbé Dorey vécut dans la paix et la solitude, entre la prière, l'étude et les confessions des nombreux prêtres qui s'adressaient à lui. La souffrance venait le visiter de temps à autre ; mais des soins si intelligents et si dévoués lui étaient prodigués, et par les médecins de l'Hôpital et par les Sœurs, qu'il ne tardait pas à reprendre sa vie habituelle. Il aimait la promenade ; il sortait presque chaque jour ; il assistait volontiers aux petites réunions entre confrères ; il y apportait sa part de gaieté et de bons mots. Il se hasardait jusqu'à Verjux, chez un confrère tendrement aimé ; parfois, rarement, il allait jusqu'à Pierre ; c'était pour lui, dans ces dernières années, un véritable voyage. Récemment, le 6 septembre dernier, je le rencontrai à la gare de Pierre, il venait d'y passer une journée. Comme il était heureux ! « Y reviendrai-je, dit-il, je suis bien faible et bien vieux. » Il espérait, on espère toujours jusqu'à la fin.

Ce voyage ne le fatigua pas. Quatre jours après, il venait à Saint-Jean-des-Vignes s'asseoir à une table amie et jouir de la présence d'un vicaire général de Genève, M. le chanoine Broquet, qui m'avait fait l'honneur et l'amitié de s'arrêter chez moi. Il se trouva bien, voulut s'en aller de pied, comme il était venu. Ce fut, hélas ! sa dernière sortie.

Le lendemain il s'alita et il ne se releva pas. De suite , vu sa grande faiblesse et son âge avancé, les médecins annoncèrent que cette maladie aurait un dénouement fatal. Aussitôt qu'il s'en douta, il demanda le saint viatique et l'extrême-onction ; il reçut ses divins sacrements en présence de sa chère communauté qu'il édifia par sa foi ardente et sa confiance sans borne dans la très sainte Vierge. « La vie est chose bien chétive, répétait-il à ceux qui venaient le visiter, et pourtant comme l'on y tient, comme j'y tiens moi-même. Oh ! comme il est difficile d'en faire le sacrifice ! » Il le fit néanmoins, et il le fit avec un immense courage. « Non, m'écrit M. Lebrun, son digne successeur, non, je n'ai jamais vu mort plus édifiante. Jamais il n'a prêché les Sœurs d'une façon plus éloquente. Lui qui, en santé, se troublait à la pensée de la mort , il la voyait venir presque avec ravissement. Dans les derniers jours, à chaque minute, il baisait le crucifix, et quand il n'eut plus la force de le porter à ses lèvres, il le touchait encore et il baisait cette main qui avait touché la divine image. Le bon Dieu m'eût donné le pouvoir de le guérir, ajoute M. Lebrun, que je n'aurais pas eu le courage de lui causer pareille peine. Il termine par ces mots : dites ce que vous voudrez de cette mort si admirable, vous qui n'avez pas vu, vous n'arriverez jamais à la réalité. »

Le 1er octobre, un samedi, le jour particulièrement consacré à la très sainte Vierge, M. l'abbé Dorcy s'endormit dans le Seigneur. Pour lui, cette expression est exacte; sa mort fut comme un doux sommeil; il s'éveilla dans les bras du bon Dieu. En ce moment, il y eut un saint de moins sur la terre, et un élu de plus dans le paradis.

Ses funérailles eurent lieu le lundi suivant dans cette chapelle de l'Hôpital, où il avait si longtemps offert le divin sacrifice et si souvent prié. Tout se passa à l'Hôpital ; il ne le quitta que pour aller à Pierre prendre possession

de son tombeau, car il voulut reposer près des membres
de sa famille, au lieu de sa naissance.

A M. l'abbé Gauthey, curé de Saint-Vincent, appartenait
la présidence de la funèbre cérémonie. Quand il eut achevé
les divins Mystères, avant de donner l'absoute, il monta
en chaire, et, dans une éloquente allocution, inspirée par
le cœur, il rappela à l'auditoire les principales vertus du
défunt. J'aurais voulu avoir ce petit discours, vrai chef-
d'œuvre; j'aurais aimé à l'insérer ici pour la satisfaction
de mes lecteurs; tous l'auraient apprécié, comme je l'ai
fait. Mais je suis obligé de me contenter de consulter ma
mémoire et de redire ce qu'elle dictera à ma plume. Ce
sera nécessairement froid et incolore. Voici, en résumé,
cette allocution :

« Une parole de Notre-Seigneur résume la vie de celui
que nous pleurons : *discite a me quia mitis sum et humilis
corde, et invenietis requiem animabus vestris.*

Ce repos paisible, promis aux âmes douces et humbles,
M. Dorey en a joui dès cette vie.

La douceur paraissait dans sa personne, dans son ac-
cueil, dans sa parole, dans ses jugements. Cependant, son
cœur bon et compatissant savait s'indigner devant les
outrages faits à la vérité, à la patrie, à l'Église.

Sa modestie se traduisait partout, dans sa réserve, sa
discrétion, sa modération. « S'il y a des hommes qui
tiennent de la place, il avait toujours peur, lui, d'en occuper trop. » Cependant il avait l'esprit cultivé et le goût
très sûr, s'intéressant aux progrès des sciences et appré-
ciant les chefs-d'œuvre des arts.

Mais son âme, restée neuve et fraîche, aimait surtout
la nature, et jusqu'à ses dernières années, il voulait, à
chaque printemps, revoir les bois de son enfance; il aimait à s'y promener et à entendre le chant des oiseaux.

Sa vie n'est pas longue à raconter. On peut dire qu'il l'a
consacrée tout entière à cette maison pendant quarante
ans; sans faire de bruit, sans presque se montrer, il y a

fait le bien. Combien de milliers de malades il a consolés !
Combien de milliers de moribonds il a préparés à l'éternité !

Pour sa chère communauté des Hospitalières, il a été
« pendant plus de quarante ans un père aimé, respecté,
obéi, et, pendant les dernières années, il était, j'oserai
presque dire, un aïeul qu'on aimait toujours à consulter
et dont la bénédiction portait bonheur. »

Dieu l'a récompensé de son dévouement, dès cette terre.
Sa vieillesse fut entourée de tous les soins les plus affectueux. « Les Administrateurs de la Maison, pour reconnaître ses longs et bons services, ont voulu, par une
initiative gracieuse qui les honore grandement, qu'il
achevât sa vie au milieu de ses Religieuses et de ses
malades. »

Son successeur actuel a été son ami, son compagnon
de tous les jours et l'ange de son agonie.

Les Religieuses l'ont assisté avec un touchant empressement.

Voilà une vie bien belle dans sa simplicité. Quel beau
modèle du Prêtre que ce vieillard si doux, si humble, si
maître de lui-même ! Il a gardé jusqu'au bout cette tranquille possession de son âme ; et, quand on lui a annoncé
que la mort était là, il l'a acceptée avec une admirable
résignation, non sans avouer cependant que ce sacrifice
lui coûtait.

Dès lors, il ne songea plus qu'à s'unir à Dieu par la
communion et par les embrassements du crucifix.

Au ciel, qui s'ouvrira bientôt pour lui, s'il n'y a déjà
été admis, il se souviendra de tous.

Sur la terre il laisse une mémoire bénie. Ses confrères
surtout ne l'oublieront pas, car ils n'ont pas connu de
meilleur prêtre que lui. »

Je ne connais pas de texte résumant mieux et plus
complètement la vie de M. l'abbé Dorey que les paroles
du Sauveur citées par M. le curé de Saint-Vincent. Ses

vertus sont nombreuses ; il les avait toutes ; mais celles qui dominaient étaient, sans conteste : la douceur et l'humilité.

Comme il était doux dans ses rapports avec le prochain ! Jamais de fiel dans le cœur ; jamais une parole amère sur les lèvres ! Et pourtant je l'ai entendu quelquefois protester avec une énergie, avec une vigueur dont on ne l'eût pas cru capable. Je me rappelle, entre autre, un jour où il nous étonna tous, et nous étions nombreux. Dans le feu de la discussion, on avait prononcé devant lui une parole inconsidérée qu'il prit pour une parole réfléchie ; c'était une injure à Pie IX. Il se prononça avec une ardeur stupéfiante de sa part. Quand il s'agissait d'attaques à Dieu, à l'Église, au Souverain Pontife, à la France, il était sans pitié, autant que cette expression peut lui être appliquée. Une autre fois, je l'entendis se reprocher la patience et la longanimité qu'il avait eues vis-à-vis d'une personne. Ah ! c'est qu'il ne s'agissait pas de lui seulement ; lui, il eût tout enduré ; mais il y avait en cause un ami, qui était victime à cause de lui, victime d'une sotte et vile jalousie. Il s'adressa souvent, à cette occasion, le reproche d'avoir été faible ; il avait simplement poussé la bonté jusqu'à ses extrêmes limites ; il n'y avait qu'une chose à regretter, c'est que cette bonté ne fut ni comprise ni sentie de la personne qui en était l'objet.

Cette douceur n'excluait pas chez lui la plaisanterie ou une réponse un peu maligne, quand l'occasion se présentait de donner une leçon méritée et profitable. Un jour, une bonne sœur, rencontrant M. Dorey le bâton à la main : « Mon Père, lui demanda-t-elle un peu étourdiment, où allez-vous donc ? — Ma sœur, répondit malicieusement M. Dorey, si on vous le demande, vous répondrez que vous n'en savez rien ! » L'abbé Dorey était poète à ses heures, mais dans le genre plaisant et comique. Une infortune prêtant à rire arrivait-elle à un confrère ami, il ne résistait pas à l'envie de le traduire en vers sous forme de *complainte*. *Il l'illustrait* lui-même, et, s'il ne pouvait pas la chanter, — hélas ! il faut le reconnaître, il était un pauvre chanteur, — il prenait un immense plaisir à l'entendre chanter par d'autres. Quand le vénéré et cher doyen actuel du Chapitre cathédral d'Autun consentait à lui prêter, pour l'exécution de ses œuvres poétiques, sa voix si douce et si harmonieuse, il était ravi. Plus d'une fois, dans ses dernières années, son successeur, qu'il aimait tant, l'excellent M. Lebrun, ramena le sourire sur ses lèvres en lui chantant quelques couplets d'une de ses compositions déjà anciennes.

Oui, je l'affirme en connaissance de cause, la bonté était le fond du caractère de M. Dorey. Tous ceux qui l'ont approché le savent bien, et, au besoin, viendraient rendre témoignage. Comme je me rendais aux funérailles, une pauvre femme du peuple m'interpelle : « Monsieur le curé, vous allez à l'enterrement ; il n'est pas encore commencé, sans doute. » Non, lui répondis-je, vous avez un quart d'heure avant que l'on commence. « Ah ! dit-elle en soupirant, c'est que je veux y être ; ce prêtre était si bon pour le pauvre monde ! — Il était si bon ! Que je voudrais avoir une pareille oraison funèbre !

La seconde vertu dominante de M. l'abbé Dorey était l'humilité. Comme l'a si bien dit M. le curé de Saint-Vincent : « il tenait si peu de place ! » Et il trouvait qu'il en tenait encore trop. Cette vertu était poussée chez lui au point qu'il s'était imposé de ne pas manisfester au dehors, par des signes, la tendre piété de son âme. Il ne laissait échapper ni un geste, ni une parole qui pût le révéler tel qu'il était. Chez lui tout était intérieur, en vue de Dieu et pour Dieu.

Cette humilité se révèle surtout en deux circonstances que voici :

Les Hospitalières priaient, suppliaient leur directeur de leur donner sa photographie. Pendant des années il s'y refusa obstinément. Mais il avait du cœur, beaucoup de cœur, il sentait vivement ; il ne savait pas refuser un plaisir à ceux qu'il affectionnait. L'humilité fut vaincue par le cœur. Un jour, sans bruit, il fit faire sa photographie, et, au premier de l'an, il la distribua à ses Hospitalières et à quelques intimes. Il savait qu'il faisait des heureux ; il n'y eut que ce motif capable de le déterminer.

Les Religieuses étaient contentes, mais pas encore pleinement satisfaites. Il leur faut son portrait, peint sur toile, de grandeur naturelle ; on le placera au réfectoire. On lui en parla. Oh ! pour le coup il y eut comme un mouvement de colère chez M. Dorey. Ni raisonnement, ni supplications ne purent le faire céder. M. l'abbé Lebrun fut envoyé, comme diplomate, pour traiter la cause des Sœurs. Il échoua à son tour. Eh bien, dit-il, vous y passerez ! On fait d'excellents portraits avec une bonne photographie ; et on fera le vôtre malgré vous. Je le défends, et si l'on ne tient pas compte de ma défense, je déchiqueterai le portrait à coups de couteau. — On ne vous le montrera pas. — Et c'est ce qui eut lieu. Le peintre rendit à M. Dorey une visite de politesse, il l'examina très attentivement, cherchant à graver dans sa mémoire l'ensemble de sa physionomie ; il fit un portrait pas trop mal réussi. Et maintenant que le cher aumônier ne peut plus jouer du couteau, le portrait va être incessamment installé au réfectoire des Sœurs. Mais c'est lui qui, là-haut, ne sera pas content. Ah ! si les morts peuvent revenir, gare le portrait !

Il faut que je m'arrête. « Qui ne sait se borner ne sut jamais écrire. » Il m'est si doux de m'occuper de celui qui, pendant plus de trente-cinq ans, fut le confident de mon âme, de celui qui m'aimait comme un fils, de celui qui savait si bien panser les blessures spirituelles et mettre du baume sur toute plaie. Il était impossible de l'approcher, de converser avec lui, sans éprouver le besoin de devenir meilleur, surtout plus doux et plus humble.

e crois que les âmes s'occupent de nous, qu'elles s'inté-
ressent à nous, qu'elles continuent à nous aimer et à
veiller sur nous. Ame de M. Dorey, soyez pour moi comme
un autre ange gardien et obtenez-moi d'être bon, très
bon ; car c'est la bonté qui nous rapproche le plus de Dieu.
Obtenez-moi que les pauvres gens qui verront passer
mon convoi disent de moi, comme ils disaient de vous :
« Ah ! c'était un si brave homme ! c'était un homme si
bon. »

L'Abbé C.-F. BUGNIOT.

Demigny, 11 octobre 1887.

Chalon-s.-S., imp. L. Marceau. — 8669

www.ingramcontent.com/pod-product-compliance
Lightning Source LLC
LaVergne TN
LVHW011503170726
843501LV00009B/3583